Fastueuse tempête féconde
Esquive en cent-dix-neuf sonnets
par Pierre Thiry

Pierre Thiry
anime régulièrement des ateliers d'écriture.
Il est auteur de

Romans

Ramsès au pays des points-virgules BoD 2009
(fiction fantaisiste pour lecteurs de dix à cent-dix ans)

Le Mystère du pont Gustave-Flaubert BoD 2021
Édition du bicentenaire 1821-2021
(polar décalé)

Recueils de poésie

Ce voyage sera-t-il mélodieux, BoD 2021

Termine au logis, BoD 2020
(Cent rondeaux d'un été à savourer l'hiver en dégustant un thé)

Sois danse au vent, BoD 2020
(quatre-Vingt-dix sonnets et quinze rondeaux d'une année Vingt)

La Trilogie des Sansonnets (trois cents sonnets publiés de 2015 à 2019) :
Sansonnets un cygne à l'envers, BoD 2015
Sansonnets aux sirènes s'arriment, BoD 2018
Sansonnet sait du bouleau BoD 2019

Contes pour enfants

Isidore Tiperanole et les trois lapins de Montceau-les-Mines BoD 2011

La Princesse Élodie de Zèbrazur et Augustin le chien qui faisait n'importe quoi BoD 2017

Consultez
http://www.pierre-thiry.fr

Fastueuse tempête féconde
Esquive en cent-dix-neuf sonnets
explorations rythmiques en
mètres désinvoltes ordinaires
par
Pierre Thiry

Précédé d'une préface signée
L'ENCABAC

Préface
par
L'ENCABAC

Pierre Thiry s'amuse à travailler les mots.

Ça fait bloc.
Il les sculpte.
Il les cisaille.
Il les entaille.
Et une ronde de mots.
Et une ronde de syllabes.
Le maître du sept prend son stylo magique.

Voilà qu'il accroche, croche ses syllabes.
Il les crochète sur les cordes, il les accorde.
Les syllabes s'acoquinent
S'accrostichent
S'assoupissent.
Le chef de gare accroche les syllabes.
Les voilà en chemin, traversant les paysages des mots
Leurs vallées
Leurs montagnes
Leurs rivières
Leurs cimes.
Toutes les 7 gares, des syllabes montent et descendent du train.
Et en route pour un nouvel accrochage.
Les syllabes coincent le sens
L'encerclent.
Le sens ne circule pas.
Quelques pauses en paysage.
Et le maître du sept reprend son stylo magique.

L'ENCABAC est le nom de plume d'une exploratrice des contrées poétiques, voyageuse à moto, enfant parentalisée, enfant thérapeutique, enfantant les mots. Poète, autrice des recueils :
« Polyphonie poétique de la vie » (2017),
« Les uns, les unes, les autres et le divin » (2020)

Chapitre 1
Heptamètres désinvoltes

1° Préparation

Tu la prépares comment
Cette rime en marmelade ?
Je l'improvise en ballade
Je l'épuise rarement.

Je flâne où l'art s'enchevêtre,
Je me fais « promenader »
Par le style escaladé
Qui rature au pifomètre.

Sur mes échasses perché,
Sur la place du marché,
J'encre ma plume et romance.

En écoutant, je raffine
L'heptamètre et j'imagine
Une métaphore immense…

2° De la virevolte ordinaire

La rhétorique encombrante
Complique, assomme, obscurcit.
Elle asphyxie, raccourcit
La flamme récalcitrante…

Cet art lyrique impossible
Qui dégrade tout en gris
Réduit l'humour en débris
D'académisme ostensible…

Cet exercice morose
N'est qu'écrasement d'arthrose.
Méfie-toi de ses lourdeurs…

Imite plutôt la grive.
Elle virevolte, esquive,
Merveilleuse et sans fadeurs.

3° De la survolte lunaire

Elle a le regard glossaire
Et soulève son chapeau
Pour détailler le bateau
D'allure extraordinaire.

Il pleut fort sur ses lunettes
Un peu flou, le vieux rafiot,
Symphonique imbroglio,
Vogue en syntaxe obsolète.

Alors l'actrice lunaire
Esquisse un rythme ternaire
Sur deux accords de guitare.

Elle survolte énumère
Son théâtre sublunaire
Qu'un heptamètre accapare…

4° Heptamètres désinvoltes

Désinvoltes banlieusards,
Dressés vers l'azur, hors-norme,
Comme une ânerie énorme,
Sont-ils échos de hasards ?

Ils sont censés déchiffrer
Les nuages d'Utopie
Dont l'heptamètre est copie,
Pour distraire et désirer…

Désinvoltes comme l'ombre
Qui suggère un art du nombre
Au géographe savant,

Tous ces arbres susceptibles,
Hautains, toujours perfectibles,
Sont harpistes du présent.

5° Dressés vers l'azur

Ces gratte-ciel, banlieusards,
Dressés vers l'azur, hors-norme,
Comme une ânerie énorme,
Sont-ils d'absurdes beaux-arts ?

Ils sont censés colorer
Les nuances d'Utopie
(Dont l'heptamètre est toupie)
En ciel gris pour l'explorer.

Ces réseaux forment une ombre
Qui suggère un rythme au nombre
Du logographe savant.

Ces gratte-ciel susceptibles,
En vertiges perfectibles
Sont ciseleurs du présent.

6° Heptamétriques

L'heptamètre est très commode
Pour conter d'un ton glamour
Les mille ardeurs de l'amour
Dans une idylle à la mode.

La tendre espiègle en dentelle
Rencontre un brun musculeux,
Sage aux propos nébuleux,
Virtuose en bagatelle…

Ils s'enflamment sans détour
Et l'on chuchote alentour
Des raretés excentriques.

Elle a des yeux fabuleux,
Il a l'air miraculeux
Mais ils sont heptamétriques…

7° Bignes d'éfriture

Milfin çang Saint-Flantepâtre,
Bignes d'éfriture en blout,
Eblaraît demblain l'emblout
D'une ibylle à fec en dâtre.

Évla, nervère flambêtre,
Alombagnée de floutrons
Qu'efflanchaient bronne les crons
Blotaphait l'auflair sabaître.

Elle emprimait la florté
Qu'un téope, en vlorité,
Crouillait d'embre que tu cranches.

Quand il frossait son oucrin,
Soirnissait l'hoptanécrin
Des fagestes blaivocranches.

8° Petite épistémologie portative

Sur le fleuve au flot rapide,
L'heptamètre est-il « hasard » ?
Offre-t-il, à l'Alcazar,
Quelque fox-trot intrépide ?

En planante confusion
De concerto-rocambole
Qui se chantonne en gondole
Ailée, n'est-il qu'un avion ?

Joue-t-il en cavernicole
Son fruité pour œnologue
Ou fleurit-il à l'école ?

L'heptamètre est-il gracile
Concept d'épistémologue
Ou poétique fossile ?

9° L'heptamètre est-il bancal ?

L'heptamètre est-il bancal
Dans le bruitage intrépide
Du métronome insipide ?
Est-il juste art inégal ?

En jaillissant de son pot,
N'est-il qu'un feu de lettrine
Ignorant de la doctrine
Que l'on extrait du chapeau ?

Sidéral ou musical
L'heptamètre est-il fatal
Flux rimeur pour pneumologue ?

N'est-il qu'un chiffre qui ronfle
Ou juste un cœur que regonfle
La rime, agile épilogue ?

10° Prose ou poésie ?

« *Arcole apportez-moi mes*
Pantoufles ! » c'est de la prose…
Mais si je décris la rose
Et ses discours sublimés,

C'est de la poésie fine :
Il suffit de s'exercer
En laissant se renverser
La grammaire d'officine.

Si le roman d'aventures
Fonde la littérature
Populaire écrite en prose,

L'heptamètre de cultures
Fait fleurir l'horticulture
Du griffu qu'un polar ose.

11° Le charme des sonnets

Le charme des sonnets vifs
C'est qu'ils sont des labyrinthes
Où chemine l'ivre étreinte
En quelques mots décisifs.

Ils sont juste dessinés
En gestuelle innovante,
En sentiment d'épouvante
Dans leurs jardins raffinés.

Tandis que bat la pendule
Rejaillit le souffle écrit
De l'excellent point-virgule ;

Il promène son fanal
Sur son touffu manuscrit
Pour éclairer le banal.

12° Conseils au poète

Perdre sa vitalité
En terreur qui papillonne
Au feu d'esquisse brouillonne
S'achève en mortalité.

Perdre son temps créateur
En consumation funeste
Quand la poésie proteste
Achève un littérateur…

Garde en réserve un œil vif
Jubile en style incisif,
Rêve en heptamètre espiègle.

Conserve tes manuscrits.
Tes empilements écrits
Sont les ailes de ton aigle.

13° La métaphore

La métaphore étonnante
Est difficile à sculpter,
Est impossible à palper,
Mais se prononce tonnante.

Elle est belle et vagabonde
Écuyère éparpillant
Son rare argent trop brillant
Elle flambe sur le monde.

Voyageuse, agile rime,
Maquilleuse, elle nous grime
Son paysage en passant.

La poésie se diffuse
En fleur qui fleurit, profuse
Malgré l'omnibus grinçant.

14° Ces recettes

Ce classicisme imparfait,
Ces recettes que ressasse
Le professeur à sa classe
Sont aujourd'hui sans effet.

Reproduire à l'infini,
Blotti dans sa tour d'ivoire,
Les rumeurs d'une idée noire
Est d'un sidéral ennui.

Étonne, assomme, entrechoque,
Cabosse à coup de marteau
De discours, de vieux râteau,
Néologise en baroque.

Échange tes stucs en troc,
Balance-les sur du rock.

15° Esquif

Esquif, tu voudrais décrire
Ce qui là-bas se défait
Dans l'ouragan contrefait
Dont l'absurde prête à rire.

Hâtif tu ravives, brosses,
L'insistant souvenir bref
Du bavard Don Juan-chef,
Ce prédateur de négoces.

Tu rêves de ce voilier
Où la dame a louvoyé
En espoir de solitude.

Festif, tu songes tu brilles,
Tu lances tes féconds trilles,
Rossignol sans habitude…

16° Pêche imprévue

Une écriture entraînée
En vagues vagabondages
Pêche un jour dans ses maillages
Une Incroyable effrénée.

Heptapodique bévue
Ou sirène fabuleuse ?
Elle impressionne, anguleuse,
Troublante actrice imprévue.

« — Je suis Improvisation,
Sans aucune explication
J'offre sept pieds à tes fresques…

— Heptapode à l'encre affable,
Tes glissades sur le sable
M'imiteraient-elles presque ? »

17° Frissonnant inabordable

Pourquoi l'ordre inabordable
Réfrigère au lac d'ici
La coupe au glaçon durci
De l'heptamètre insondable ?

Sanglote à la tramontane,
Explique au soleil le prix
De ce congelé surpris
Du réveil de sa sultane.

Tu gargotes prosaïque
Grelottant en mosaïque
En frileux que l'art essouffle.

Laisse les grelots trop fastes
Aux magies des cinéastes.
Écoute le vent qui souffle.

Chapitre II
Le ciel est lent

1° Le ciel est lent

Arts d'artifice incompris…
Murs muets comme la carpe,
Ladres dressés sur l'escarpe,
Mâts massés sous le ciel gris,

La foule fouille et questionne
Marche et marchande son troc.
La tour tournée sur son roc,
Château trop honnête, étonne…

Le ciel est lent… nuageux…
Lointains tintent danse et jeux,
Un quart d'heure, on carillonne,

Vivace art de Vivaldi
Qui te dicte et qui te dit
Pose ta prose brouillonne ?

2° Fleur(s)…

J'ai rarement vu des fleurs
Rêver si fort aux futures
Forêts de mésaventures,
Aux feuillets batifoleurs…

J'ai rarement vu galante
Aussi fertile en desseins.
Chaque amour est un dessin
D'aventure déferlante…

J'ai rarement recueilli
Un bouquin si mal cueilli,
Si discoureur d'avenir.

J'ai rarement vu gravures
Tant styliser leurs nervures,
Fleurs de lézarde à venir…

3° Toi qui…

C'est toi qui, pétillante d'énergie,
M'as appris à regarder l'avenir
Pour oublier le poids du souvenir
Et ne pas m'enliser en nostalgie.

C'est toi qui m'as appris que deux sourires
Font tourner l'univers, danser les cœurs,
Font tourner la tendresse en profondeurs,
C'est toi qui m'as appris que l'art fait rire.

C'est toi qui m'as offert cette énergie
Pour ne pas m'assoupir en nostalgie,
Toi qui sais faire danser la Joconde…

À présent tu voudrais que je t'oublie ?
Sans rien écrire et sans mélancolie ?
Toi, fastueuse tempête féconde…

4° Narrer l'humour…

Écrire à travers un écran,
Laisser flotter les mots aux formes
Des calembours protéiformes
Raconter les *qui ont du cran*…

Amuser n'est pas impossible
Si tu écoutes les rumeurs
Qui broient le gré de leurs humeurs
Au moulinage incompressible.

Est-il décrispable ce monde ?
Inextricable réseau d'onde
Qui s'embourbe feints jeux d'humour ?

Humour de la peur qui s'amuse,
Humour face au grincheux qui s'use,
Humour qui surgit d'un labour…

5° À toute allure…

À toute allure que je m'endors, moi.
De nos jours, les jours sont interminables.
Je ne veux pas imiter ces minables
Qui s'ennuient sans lecture et sans surmoi.

Je l'éteins à temps, monsieur ma loupiote
Je ne suis pas un farceur à la noix !
Pour moi la nuit est un bal, un tournoi,
Je me souviens d'une légende idiote

Où s'embête une épouse en papillote
Près d'elle un patron pas très patriote
Complique son insomnie combinable

Quand le soleil glisse aux couleurs d'émoi
À toute allure je file au lit, moi,
Pour cultiver mon livre interminable.

6° Brouhaha

Il est beau ton futur aux longs papiers
Il est bon ton miel, onctueux reflets.
Regarde ces théâtres pour mouflets,
Phénomènes d'ombre des peupliers.

Une mouette chante en vol d'esquive,
Un piéton admire un chapeau à plume.
Quelque part l'horizon en mer s'embrume.
Un trois-mâts fatigué sonne et dérive.

L'épopée se raconte en cahotant,
Les sons jaillissent tout en palpitant,
C'est toujours joyeux la vie d'un lampiste.

Le brouhaha de légendaire guise
Est cavalcade ; on rêve en saut d'exquise.
C'est ainsi que se constitue l'artiste.

7° Fascinante

Insensiblement décline
L'abandonné du quartier,
Le déplorable en chantier,
L'amateur d'indiscipline…

Il fut d'abord cafetier,
Puis vendeur de mousseline,
Puis joueur de mandoline,
Puis juste un flâneur à pied.

Seul, il parcourt la colline
Où la neige dégouline…
La splendeur l'a oublié…

L'avalanche est plus maline,
Fascinante et chevaline…
Il s'y roule tout entier…

8° Théâtre désertique

Le théâtre est désertique
Les sièges sont relevés,
Les rideaux mal élevés,
Le décor est éclectique.

Le silence tend l'oreille
Vers la salle où le grillon
Nous chantonne en tourbillon
Son texte où du hasard veille.

La scène est belle auditive
Magnifique à l'humeur vive…
Tous, nous nous émerveillons.

Dans l'ombre un piano dérive,
Sur scène un acteur arrive,
Tout petit, juste un grillon…

9° Clermont-Ferrand

Le guide a l'air d'être Astérix
Devant l'obélisque ascétique
D'un funèbre très romantique
Avenue Vercingétorix…

Couleurs Volvic, c'est la fontaine
D'un Clermont-Ferrand sidéral
Faite en l'honneur d'un général
Mort à la guerre, à la trentaine.

Le guide, tel un crooner, chante
L'armée d'Égypte qui déchante
Et son retour pas très comique

Avant la mort désespérante
À Marengo l'exaspérante,
Puis… la colonne volcanique…

10° Le scarabée

Ce scarabée méthodique
Est-il apprenti skieur
Ou dessert d'aspirateur ?
Cette énigme anecdotique

A fait surgir sur la toile
D'araignée, d'ébouriffants
Refrains d'esprits-éléphants,
Brèves pâmoisons d'étoile…

Le problème est décrassé
Bientôt grâce au cuirassé,
Virtuose drolatique.

L'efficace époussetteur,
Dont l'art est évocateur,
Pousse au verbe poétique.

11° Vivre…

Vivre en rasant les façades,
Ce doit être très rugueux.
Vivre en râleur belliqueux
Doit être un loisir maussade…

Vivre en pressé désastreux
Doit conduire à la débâcle.
Vivre assommé, sans spectacle,
Ronge un fade absurde et creux.

Vivre sans livres, sans rêves,
S'ennuyer de tout, sans trêves,
Colorie son brouillardeux…

N'oublie pas d'être un fougueux
Voyageur de beautés brèves,
Danse aux sons du vent des grèves.

12° Vertigineux

En frénétique, affronter
L'autre absurde et ses façades,
Hautes grises et maussades,
Leurs vitrages effrontés.

Cesser de rire, et bosser,
Déplorable insubmersible,
Imperturbable, impossible,
Aigri, trimer cabossé.

Mimer le chef excessif,
Éreinter le permissif,
Être étroit, psychorigide…

Ces vertigineux programmes
Pèsent leurs lourds kilogrammes
Mais ne sont pas très solides…

13° Exploration

Quand l'exploration sonore
Origine une émotion,
Science est aussi action.
Skie sur le sens qu'elle honore.

Quand l'admiration t'entraîne
Énamourée vers les yeux
Heureux, subtils, merveilleux,
Oeuvre à ton tour, rêve et traîne…

Traîne, entraîne, œuvre en subtil.
Ce rythme, quel sens a-t-il ?
Le soleil joue de l'ombrage.

Honore en sonore heureux,
Écoute, il chante amoureux,
L'oiseau, superbe en ouvrage.

14° Hors texte

Elle est passante et légère,
Elle flotte au fond de scène,
Théâtrale Vénitienne,
En gracieuse passagère.

Son couvre-chef est fleuri,
Sans chef elle est simple et libre,
Juste un fragile équilibre,
Belle au charme endolori.

Pauvre, mais majestueuse,
Dans la pièce elle est tueuse,
Dans la vie elle est actrice.

Elle flotte à l'horizon,
Comme un brin de déraison,
Hors du texte elle est caprice.

15° Étonnante amnésie

Ils s'intéressent à autre
Chose qu'à la poésie.
Quelle étonnante amnésie
Pourtant ces détours sont nôtres.

Ces avenirs sont les leurs
À ceux aussi qui l'ignorent,
Eux qui triment qui adorent
Le rentable et ses pâleurs.

Peu s'intéressent à notre
Chance qui est aussi votre
Sens inconnu du poème.

Les stylos vont, viennent, crissent
Sur le volume où l'actrice
Lira ce que sa peau aime…

16° Son regard neuf

Elle n'est pas qu'apparence.
Perspicace elle démonte
L'ordre énervant mastodonte
Des assauts d'intolérance.

Elle est superbe, élastique,
Arpente en tendre beauté
L'ombre où tout est garroté
Sauf elle et son art plastique.

Elle est libre, immense, humaine.
Chacun voit ce qu'elle amène,
Poétique elle éblouit.

Son art n'est point mécanique
Elle déploie sans panique
Son regard neuf, inouï…

17° Flic flac floc

Floc, floc flic flac ça flottait
Flic flac flic floc les flots froncent.
Frêle une fille file et fonce
L'affreux filou sifflotait.

Flic flac floc l'averse fige
Les venelles villageoises,
Friables côtes cauchoises.
On se frotte et l'on s'afflige.

Le freluquet sifflotait
Floc, floc flic flac ça flottait,
Flic flac flic floc les flots foncent

Le flux flotte et l'on s'afflige
Flic flac floc l'averse fige
Affreux, le filou s'enfonce…

Chapitre III
Ère éphémère empressée

1° Ère éphémère empressée

Preste, entre le merle en scène.
Le hêtre vert se reflète.
Le verbe leste le fête
Et tente d'être mécène.

Le serpent entend Prévert,
Leste serpente, déserte
Ève, belle esthète experte,
Lettrée en être d'envers…

Elle entend remettre en vent
Ses perles ; ce merle en vend,
Exemptes de lestes vers…

L'événement crée, tressée,
L'ère éphémère empressée
De tendresse en tendres verts.

2° L'Esthète en scène

Preste, entre l'Esthète en scène…
Le hêtre vert se reflète.
Le verbe leste le fête
Et tente d'être mécène.

Le serpent entend ses vers,
Stressé serpente et déserte.
Ève espère ; et merle, en perte,
S'énerve en gestes d'enfer…

Elle entend remettre en vent
Des nefs ; et l'expert en vend
Exemptes de ses déserts.

L'événement sert, tressée,
L'ère éphémère empressée
Vers cette tendre en revers.

3° Reflets

Cette recherche de « E »
Te semble-t-elle éthérée ?
Est-elle rente étrennée ?
Est-ce reflets de ce « te » ?

Cette fenêtre scellée
Reflète tes lettres-mer,
Dentelées de texte en fer
Restes de menthe gelée.

Ce revers de l'elfe verte
Te ressert ses lettres, certes.
Est-ce-être ? elle se ressemble…

Généré, ce texte est pelle
Ébréchée de mettre telle
Rebelle en reflet de semble…

4° Électre

Électre est éthérée frêle :
J'exècre l'être réglé
De ce cercle déréglé
D'excès de thèse rebelle.

Elle est belle et vénérée,
Électre, et tendre en ce texte,
Espère prendre prétexte
D'être lettre déterrée.

Cette belette est-ce reste
De l'édenté frère en veste,
Légende en descellement ?

Elle se renverse leste.
Frêle espérée et céleste,
Elle grêle bellement…

5° L'encerclée de tes fêtes

Elle renverse et s'entête.
De cette belle encerclée
Telle lettre est célébrée
Belle émergée de tes fêtes.

Elle excelle en cet excès
En entente et en clémence
Déteste en temps de démence
Ces sévères renversés.

Elle s'énerve et remet
Cet excellent entremets
De pêches et de dessert

Et le texte se déverse
Et les lettres se reversent
En secs reflets de déserts.

6° Femme de tête

Tendresse belle, perchée
Elle se dresse secrète.
Le secret s'évente en crête
De sénescence enclenchée.

Elle cherche et se déleste
De textes écrémés vers
Ce mec hébété très vert,
Très senestre en perles lestes.

Elle prend, stressée les scènes
D'énervés merles d'ébène,
Céleste en ferme défense.

Elle étend pressée, et fête,
Seulement femme de tête,
Ses vers nés de déshérence.

7° Fête d'excellence

Le merle espère et recherche
Cette fête d'excellence,
Bêlements de belle essence.
Exprès, en ses hêtres cherche

(Près des hêtres de ses chèvres)
Cherche empressée la bergère.
Cette clémente légère
Exerce ses tendres lèvres.

Ses chèvres lettrées décrètent
Cette verve qu'elles prêtent
En brefs règlements bêlés…

Les merles des hêtres sentent
Les belles lettres qu'éventent
Les bêlements épelés…

8° Discours d'intermède
Lipogramme sans « L »

C'est un étrange remède
Qu'éviter ces empennés
Et pousser ces sons bornés
Hors d'un discours d'intermède…

Brassée sans cette douchée
D'équerres baignant tes gerbes
De verticaux jets superbes,
Ta verve peine, asséchée.

Empesées sans traits courants,
Tes phrases marchent en rangs,
En groupe abrupt, par saccade.

Privée de ce signe abstrait
Ta rêverie deviendrait
Aigrette sans sa cascade…

9° Brève de hêtre

L'emmêlé des belles lettres
Est référence égrenée.
L'essence de brève née
S'élève des fervents hêtres.

L'entremêlement des textes
Crée ces hêtres d'énervés
Bernés, endettés, grevés,
Grevés de ce bref prétexte.

Tellement bref est ce bref
Prétexte extrêmement bref,
Bref, les hêtres s'entremêlent.

Desséché… même écrêté
D'être en excès décrété
Ce hêtre crève… en semelle…

10° Artistement, bris comptés
(en ABC)

Artistement, bris comptés.
Au bout c'est cher, ça canarde.
Allongé, béat, cafarde
Au bandonéon conté.

Assistant brillant, complet,
Assis, beau complémentaire
Au brûlant communautaire,
Adapté, brasse et connait.

Assiste cet incomplet
Artiste, brutal complet,
Aux bobines consacrées…

Allongé bêtement, carde !
Ainsi bureaucrate crée…
Aux bricolages, clavarde !

11° Artiste buvard
(en ABC)

L'Artiste buvard, crâneur
Avançait, bras ballant, corne
Au bout cinglant d'un cromorne,
Assuré, bruyant, charmeur.

Au bruit de ce chahuteur,
Arrivent, beaux cravatés
Aimables, banals, crispés,
Admirateurs, brefs chuteurs.

Aux bravos, ces chahuteurs
Ajoutent belles clameurs
À l'art buvard cravaté.

L'artiste bravé culmine,
Actif brailleur convoité :
L'art bimbelotier chemine…

12° Abc d'ère antiquaire

Autrefois, bougon chinait
L'Antiquaire besogneux.
Cet artiste buissonneux
Creusait l'ancien, bouillonnait.

Ces antiquités bavardent
Calmement aux bras charmants,
Adorables, brillamment
Choisis, d'amples banlieusardes.

Chaque astuce, bichonnée,
Cherchait l'art bavard, charmée,
Agaçait, bohème, ceux,

Authentiquement bercés,
Chèrement décomplexés,
Élevés en faux gracieux…

13° L'audacieux brailleur

L'audacieux brailleur croyait
Aux bruyantes coqueluches
Augmentant, beaux bris de cruches,
Ardent bruit, ce cri douillet…

L'astucieux brouillon créait
Aux bois croissants des errances.
L'allée brute, arborescence
D'arts bizarres, concluait.

L'art broyeur des coqueluches,
Au brillant bruit de ces cruches,
Ardent, brassait ces dardés.

Adroitement bricolant
Ces dés (bruit caracolant)
L'ambitieux brille… canardé…

14° Ces antiquités bavardent

Ces antiquités bavardent
Calmement aux bruits charmants
(Adorables brillamment)
Clochards d'amples, banlieusardes.

Ces dés, errants fruits grillés
Amplifient beaucoup ces douces
Exquises, frêles frimousses,
Gamines émoustillées.

Charmante amplification
Bricolée complication,
Développée, expédiée.

Fabuleuse gratifiée
Franchissant l'exposition
En esquive et dérision…

15° En ses revers

En ses revers de bref être
Se démène l'entêté,
Lentement, très embêté.
Ce breveté s'enchevêtre.

Ce lettré très déférent
De l'emmêlée scène en crème,
Se perd en dépense extrême
S'énerve et l'échelle prend…

Le breveté se tempère
Et verve, en déesse opère.
Elle est belle évidemment.

Elle est terrestre et céleste
Elle est cervelle très leste
Lettre et fête excellemment.

16° En ses rêves...

Terrestres renversements,
Des exemples se renversent.
En ses rêves se reversent
Des verbes d'événements.

Ses blés se dressent, mêlés
De vent de lettré célèbre,
Très énervés de ce zèbre,
De ses revers emmêlés.

L'expert s'ébrêche et reflète
Des requêtes de bellette,
D'emblée fête entre et remet...

Elle entend en ses vertèbres
Des déesses de ténèbres,
Elle sème, espère, émet...

17° Elle sème

Elle sème, espère, émet
Désespère des ténèbres...
Elle entend de ses vertèbres
Les brefs de fête et remet...

Le pré s'ébrêche et reflète
Ce vent de lettré célèbre,
Très énervé de ce zèbre,
De ses effets de serpette.

Ses blés se sèchent mêlés
De désherbés emmêlés.
Les exemples se renversent,

Terrestres renversements,
Jets zébrés d'événements,
Et ses rêves se reversent...

Chapitre IV
Échos de théâtre

1° Le guichetier

Il frappe la flaque espiègle,
Le facteur distribue son
Courrier tandis qu'un maçon
Édifie son mur sans règle.

Nous entrons dans le palais
Où des chevaux acrobates
Se jouent des traines-savates.
« Leur parapluie est très laid… »

Nous assure un philosophe
Selon qui la catastrophe
Est causée par la laideur.

Le guichetier de la strophe
Au théâtre limitrophe
Vend ses tickets aux rêveurs…

2° Une chanteuse

Nous fixions la scène, où chantait l'exquise
Deux grossiers froissaient leur programme au moins
Tous les quatre temps, en rythme, en pingouins.
La chanteuse, agacée sur sa banquise,

Tentait de chanter l'œil indifférent.
Elle avait l'art clair et le timbre affable,
Silhouette fragile en grains de sable,
Elégante et d'un narquois différent.

Sur scène, elle était un caméléon
Formel, esquissée pour le panthéon
Virtuose de l'âme spectatrice.

Arrachée par la torpeur au banal
De ce reflet scénique artisanal,
Ressurgit la musique observatrice.

3° C'est chic

C'est chic et c'est dans le vent,
De manger sa clémentine
Tandis qu'un jazz vous bassine
Son Bebop intelligent.

C'est choc, mais c'est à la mode
De porter un truc troué
D'avoir le timbre enroué
En Rolls-Royce malcommode.

Mais c'est beaucoup plus tendance,
De marteler en cadence
Un slam qui trotte élégant

Qui matche épate et passionne,
Par hasard par son fringant,
La dame à l'oreille « faschionne ».

4° Petit rien du tout

Ce spectacle est parodique,
Ses sept actes vont pentus
En épisodes obtus
Mais ficelés spasmodiques.

Le drame d'encre y accède,
Du poète fainéant
Jusqu'à l'infini néant,
Par le rythme qui excède.

Le fait banal invisible,
Caricature impossible,
S'y abrite, insoupçonné.

Le suspense est prévisible
Petit rien du tout flexible,
Juste assez pour fictionner.

5° Histoire de…

Cette histoire est pathétique,
Ses batailles font sa vertu.
Son absurde art n'est pointu
Que pour l'écran cathodique.

L'héroïsme n'y succède
Qu'au patriote feignant
Jusqu'à ce triste néant,
Malheurs, morts, tout nous excède.

Tout est banal, trop visible,
Caricature possible,
Que je trace, soupçonné.

Ce sonnet n'est qu'âpre horrible
D'une nation pas terrible
Au flux passé, consommé.

6° Faste fouille

Construire un drame caustique
Dans les rythmes du bazar
En se jouant du hasard
Est faste fouille artistique.

Bravo !... ces quatrains ludiques
Pour secrétaire à tiroirs
Sont des reflets de miroirs
D'infinis bonds fatidiques.

Et ce superbe haut-de-forme
Qu'un coup de poker informe
A le pas de danse enjoué…

… D'un jeu de dés qui déforme
En poésie, l'art sans forme
D'un cirque antique enroué.

7° **Passeport**

L'onde va scintillante,
L'ordre sombre est ouvragé
De grands parcs paysagers
Verts dans la brume assommante.

Longue attente, ils sont anglais,
Sombre langue inatteignable
Sa saveur inestimable
Sous mes lèvres s'étranglait.

Brume métropolitaine
Loin de Jean de La Fontaine
De son fromage à corbeaux.

Mon passeport sont ces fables
Sous leurs couvertures sables.
Des zestes de jeux verbaux…

8° Iris et so (n) poète
(lipogramme)

Iris de La Fablière
Jouissait du rimeur des sables,
Ce phraseur de tours affables,
Pourchasseur de fourmillère…

Amuseur de sa cigale,
Il rimait, lui, à sa source.
Il puisait à la ressource
Du baroque, art qui régale.

Aux ordres de sa marquise,
Il se glissait sous l'exquise
Dame de sa cour fugace…

De sa plume qui agace
Il chatouillait la bêtise,
Là… perlait l'air qui jacasse…

9° L'essaim des menuets

Le nombre infini des choses,
Que l'essaim des menuets
Dans l'écho perpétuait,
Produit ses métamorphoses.

Tandis qu'une fumée passe
Au milieu des murs, sans arts,
Fougueusement par hasard,
Dansait l'ombre à leur surface.

Cet essaim de menuets
Lentement diminuait
Animé d'une voix douce.

Sur notre cité badine
Des muses brassaient mutines
Leurs adjectifs sans secousse.

10° Ce palais ensoleillé

Ce palais ensoleillé
Attend comme une promesse
Partout les chapeaux se dressent
Oscillants ensommeillés.

Les conversations s'animent
Au rythme de l'attelage
Avec l'accent du village,
À grand geste, à coups de mimes.

Le matin mal éveillé
Les enfants émerveillés,
C'est dimanche on a le temps.

La terre encore en hiver
Fait surgir des bourgeons verts
Le ciel semble être au printemps.

11° L'avenir

L'avenir triomphateur
Face à l'angoisse intranquille
Est inaccompli tranquille,
Il fuse en innovateur.

Il s'approprie les chefs-d'œuvre,
Il s'amuse il joue aux quilles.
Il bouscule hasarde et brille,
Il est vif à la manœuvre.

L'avenir est amoureux
Virtuose et rigoureux.
Il gambade, il roule, il file.

Il promet, tempétueux ;
S'esquive en défectueux
Quand l'accompli se profile…

12° Quand reviendront les sirènes ?

C'est un fait-divers banal,
Brossé sans faste excentrique,
En cadence heptamétrique,
Pour évoquer un canal,

Près d'un centre commercial
Où jamais rien ne se passe.
Il s'écoule inefficace,
Il est plein d'eau, provincial.

Soudain vogue une péniche
Avec à bord un caniche.
Le public, éteint, s'agace :

« Quand reviendront les sirènes
Jaillissant sous les carènes
Dans l'écluse à marée basse ? »

13° Intrigue qui se croque

Ses dentelles découpées
Contrastent sur le nuage.
Cet arbre est marivaudage
Pour syncopes chaloupées.

Comme un cinéma baroque,
Il mime un récit tordu,
À l'emmêlé saugrenu,
Vaste intrigue qui se croque.

L'arbre joue le cinéaste.
Il manigance enthousiaste
Un long-métrage audacieux.

C'est une œuvre iconoclaste,
Remplie de traits malicieux,
De brouillage et de contraste.

14° Grelottant

C'était un jour d'hiver, jour
De ménage ou de manège.
Le soleil glaçait la neige
Qui blanchissait le faubourg.

C'était un spectacle, froid,
Près de la Seine, sauvage
Où s'allongeait ce village,
Tout grelottant, plein d'effroi.

C'était un froid hivernal,
Avec feu de bois banal,
Cheminée qui fumait, libre.

Grelottant l'orchestre arrive,
Il chantait depuis la rive,
Sa musique en équilibre…

15° Crépuscule

L'horizon fait sa grimace
Lancée aux hasards des yeux.
Parfois un mot trop précieux
Vient scintiller perspicace.

Rusé jongleur, il s'amuse
À éblouir l'œil curieux.
Il cisèle en laborieux
Un paravent pour la muse.

Sa dentelle devient soir,
Reflet de couchant, miroir,
Une paresse, un sommeil.

Cette lumière confuse
Est un prisme qui diffuse
La berceuse du soleil.

16° Ta danse…

Tandis qu'aux États-Unis
Le dollar froissé s'émousse.
Ton rythme est une frimousse
Qui surgit de ton tournis

Ta danse est une surprise
Qui étonne le badaud
Qui tangue comme un radeau
Devant ta valse en reprise.

Ta danse est juste un reflet
Dans l'œil brillant d'un mouflet
Pour qui tout n'est que musique.

Ta danse à la fin s'achève,
Le silence qui s'élève
Est juste métaphysique.

17° Syncope rusée

Cette recherche incessante
De la syncope rusée
Est une actrice amusée
Qui explique, evanescente,

Au public éparpillé
Que la pièce de théâtre
N'est que la bûche d'un âtre
Au dramatique incendié.

Le dramaturge a noté
Le pétillement pianoté
De la flamme-philosophe.

C'est juste et pur, musical
Comme un récit catastrophe,
Ardent, mais sentimental.

Chapitre V
Poétique ?

1° L'éclat de la poésie

L'éclat de la poésie
Est-il sur la souche étrange
Dont la mousse épaisse engrange
Les couleurs en frénésie ?

Ce bruit plein de fantaisie
Que le trop banal dérange
N'est-ce pas l'art qui se venge
De nos pluies d'hypocrisie ?

Ne t'attarde pas aux franges
Des prompts jurons qui s'échangent
À leurs valeurs de sosie.

Esquisse ou hasarde, arrange…
Écoute au loin ta mésange,
Sa poétique est choisie.

2° L'exilé

Extraire du dictionnaire
Des mots choisis au-dehors,
Dans l'art des alligators
Est une audace ordinaire.

Évoquer l'itinéraire
D'un vocable de butor
Lâché dans le transistor
Par un bavard temporaire,

Vous verse dans le décor
Sur l'escarpé contrefort
Des vertiges scripturaires…

Mais, traduire sans effort
L'exilé dans l'inconfort,
Vous démonte vos horaires…

3° Terpsichore

Terpsichore, muse au bel
Art sûr, réussit chanceuse
À fondre l'hydre crasseuse,
En mille cinq cents pixels.

Te la triture en poussière,
Puis la plonge au lac perdu,
Dansant d'un geste éperdu,
La dissout dans l'idée claire.

C'est ainsi qu'elle gagna.
Diluée, l'hydre grogna,
Rapetissée dans l'ornière…

Danseuse, l'agile apprend
Le décalé qui surprend
L'âcre écailleux légendaire.

4° Sois poète

Le ciel est bleu, le silence
Muet flotte inexploré.
N'est-ce qu'un prélude ignoré
D'un spectacle qui s'élance ?

Le jour s'écoule immobile
Ce n'est qu'un étonnement.
Face à l'abrutissement
Vis ! ne te fais pas de bile.

Essaie plutôt de comprendre,
Ils ne veulent que surprendre,
Ils ignorent si l'erreur

Sera la leur, ils s'occupent.
Cherche, écris, ne sois pas dupe.
Sois poète-explorateur.

5° Boulevard Sébastopol

Boulevard Sébastopol,
Mesurez votre salut
Ne soyez pas un chalut
Lançant son filet au sol

Dans les pieds des promeneuses…
Le vrai quidam à Paris
Est un hôte qui sourit
Pour qui la vie est flâneuse.

Boulevard Sébastopol
Ne vous jetez pas au col
Des clientes du libraire.

Courez chez les bons fleuristes
Réjouissez les dames tristes
De vos bouquets exemplaires…

6° Rimbaud tu voltiges…

Face à l'accélération
De ce défilé d'images,
Les virtuoses freinages
Sont-ils régénération ?

Rimbaud ! sans aérofrein
Tu voltiges, tu dissertes.
L'accélérateur est certes
Plus populaire qu'un frein…

Avec détermination,
Joue la procrastination…
Écoute vrombir, superbe,

Ce faste administratif
Qui protègera ton pif
Des corrosions de Malherbe.

7° L'art du détour

La lecture est essentielle
Qui nous permet de choisir,
Dans la lenteur du loisir,
Une équation potentielle.

Rien ne se passe et pourtant
Dans cette erreur séquentielle
Surgit la superficielle
Prose du geste important.

Esquive l'armée pesante,
Sa lourdeur paralysante.
Vois plutôt l'art du glaneur :

Pratiquant l'art du détour
Il enseigne à son retour
L'exploration du flâneur.

8° Leur prose s'évapore

Les badauds vont mimétiques.
Ils sont prosaïques, brefs.
Ils naviguent dans les nefs
Incertaines des boutiques.

Les lieux rythmés de leurs pas
Résonnent utilitaires,
Colorés publicitaires,
En redoutables repas.

De vaniteux septuors
Esquissent parfois dehors
Leur mélodie vagabonde.

Mais leur prose s'évapore
Au sourire qu'élabore
Léonard à sa Joconde.

9° Pour aligner les zéros

Pour aligner les zéros
Tu tisses tes épisodes
En couplets que tu érodes
Pour d'invisibles héros.

Ces recettes fatiguées
Que sans cesse tu répètes
Font résonner leurs emplettes
De cent critiques ridées.

Tes romans sont d'élevages
Sans ponctuations sauvages.
La mesure est ton calibre.

Pour aligner tes fictions
Tu plies sous les soustractions.
Où est la surprise libre ?

10° Retard

Je suis toujours en retard
D'une errance ou d'un poème,
D'une aventure bohème
D'une arrivée, d'un départ.

Je suis toujours en guépard,
À bondir à m'essouffler,
À griffonner boursouflé,
Dans un style un peu rempart.

Mais les mots de part en part
Au cristal politicard,
Sont d'opacité rebelle.

Et mes phrases étendards
Ne sont que propos de bars
Ciselant leur citadelle.

11° Critique

Il faut que l'œil décortique
Le sens qui n'est qu'apparent
Du manège au style errant
Pour vorace esprit critique.

La critique est virtuose
Elle est danse de l'esprit
Non pas propos malappris
Mais perspicace qui ose.

En décortiquant le texte
Surgit parfois le prétexte
D'un romanesque pantin.

La critique est une ascèse
Le cirque d'une exégèse
Qui partage son butin.

12° Poésie ?

Qu'est-ce que la poésie ?
Ce n'est pas ce souple instant
Où la plume prend son temps
De se cacher dans l'amnésie.

Ce n'est pas la maladie
Du braconnier de hasard
Qui sourit comme un hussard,
Vaniteux de comédie.

Ce n'est pas le simple arrêt
D'un rythme sans intérêt
Qui remplit comme un liquide

Une tire-lire aphone
Qui brille comme un téléphone
Fier de n'être pas limpide.

13° Orchestre

Orchestre est un mot bizarre
Il s'épèle étrangement,
Il s'ouvre très brillament
Sur *or*, métal pour avare,

Puis, il saccade impulsif
Hache après *c'est* qui font *quai.*
Où surgit l'*estre* embarqué...
Bel équipage expansif...

Orchestre est un terme étrange.
Ses deux syllabes sont grange
Où neuf lettres vagabondent...

Orchestre est un mot qui vit.
Sonore, il risque un avis
Qui résonne sur le monde...

14° Échos de fêtards

Écrire en heptamétrique
En choisissant dans le doute
Les fruits à l'air qui s'écoute
Sous un saphir électrique.

Écrire en automatique
Aux bonheurs de tes retards
Quelques échos des fêtards
D'un bal sauvage historique.

Écrire en abandonnant
La lecture du roman
Où la narratrice évite

Un fanfaron hasardeux,
Faune épique et bazardeux…
Pourquoi la vie va si vite ?

15° Poésie dérapante

L'héroïsme abrutissant
Des accidents de syntaxe
Mériterait que l'on taxe
Le rythmique obsolescent.

La poésie dérapante
Est d'un furtif dangereux…
Les lecteurs sont si nombreux,
Leur chanson si entêtante…

Méritent-ils l'enfilade
Des romans en marmelade
Que cette passoire filtre ?

Le public en redemande
Et le commerce commande.
Mais le dérapage exfiltre.

16° Allumez votre chandelle

Libérez le dénuement
Des brouillons qui se calfeutrent
Dans le noir comme des pleutres,
Chiffonnés ingénument.

Allumez votre chandelle
N'y brûlez pas ce papier
Où vous griffonnez vos pieds
En rimes accidentelles.

De ce tracé qui s'emmêle
Peut rejaillir la rebelle
Qui sait danser, s'enjoyer,

De ce passé qui s'éclaire
Peut ressurgir la lumière
Du miracle langagier.

17° Le piano fleuri

Le piano fleuri s'enroule,
Une jeune fille déchiffre,
Le chat dort, il rêve au chiffre
D'or, en se lovant en boule.

Claude Debussy s'écoule.
Muet, le silence est cuistre.
La musique s'enregistre
Sous la lueur d'une ampoule.

Fermé sur la table, un livre
Semble s'animer, revivre
Les exploits de l'interprète.

Dans l'ombre une statuette,
Poétique écho d'ivoire,
Joue la muse dérisoire…

Chapitre VI
Balai d'Arlequin

1° À l'heure où

À l'heure où le tronc doré
Prend le soleil comme armure
Sur l'écorce enluminure
D'un merveilleux arboré,

Le pigeon, vrai chercheur d'or,
Vient roucouler, se rengorge.
Il croit posséder sa forge,
Joailler, conquistador.

Mais dupé sur sa fortune,
Il ne voit pas que la lune
Absorbe aussi les couleurs

De l'astre d'or, pour, nocturne,
Assombrir les roucouleurs
De son rideau taciturne…

2° Avance

Je suis toujours en avance,
Je précède le départ,
Craintif d'un jeu du guépard,
Par souci de survivance.

Je suis toujours en absence
En recherche de ce mot
Qui se blottit au hameau
Des bocages d'innocence.

Ma plume est effervescence,
Esquisse d'adolescence,
D'audace et de découverte.

Ce style est l'incandescence
D'une très antique urgence,
La peur de l'absence inerte.

3° Le carré des radis

Le rouge-gorge bondit
Par petits sauts qui hasardent
Une danse que regardent
Un bataillon de radis.

Ils sont engoncés sous-terre
Comme dans une tranchée
Des batailles mal enclenchées
Par les poilus de naguère.

Ils jouent aux petits soldats,
Les radis sous leurs bardas.
Le rouge-gorge en rigole.

Il les entend bavarder
Du Waterloo horticole
Qui pourrait les chambarder.

4° L'Absurde

L'*Absurde* est cet antre immense
Où se mélangent le prix
Des recyclés par l'esprit
Pour assourdir le silence.

Évoquant le *lab*ora
Toire en première syllabe,
Le *su*, en dégringolade,
Sur l'*air* du *dé* finira...

L'*Absurde* en l'art hasardé
N'est souvent qu'un lézardé
Château dont les murs fabulent

Des légendes imparfaites
Où les erreurs déambulent
Dans le froissement des fêtes.

5° Ô liberté…

Ô liberté je chamarre
Tes couleurs des gouttelettes
Du rythme de l'alouette.
Chaque prose à son amarre…

Je suis un flâneur à tête
De prosateur, j'établis,
En chapitres assouplis
Un simple constat d'esthète.

L'alouette est libre en l'air
Mais son refrain est peu clair,
Elle embobine, artistique…

À quoi sert sa liberté ?
À répéter, sans fierté,
Sous un soleil sarcastique.

6° Colloccio

Colloccio est un célèbre
Fantaisiste imaginaire
Qui étonne un ours polaire
En chantant dans les ténèbres.

L'ours n'a pas l'air rassuré,
Il s'effraie, car il se trompe…
Dans la brume qui l'estompe
Colloccio, démesuré,

Semble un monstre un peu tordu.
L'animal se croit perdu
Face aux cris du mastodonte…

C'est alors que le brouillard
Se lève sur ce braillard :
Juste un clown qui chante et conte…

7° Poisson d'avril

À l'instar de Jules Verne,
Vingt-mille lieux sous les mers,
Avril, un lieu sous les mers,
Raconte sa vie moderne...

Avril est un beau lieu jaune
Un pollachius pollachius.
Son bon goût fait consensus.
Il s'amuse dans la zone

Où vont aussi des pêcheurs
Aux hameçons bambocheurs.
Avril se masque (astucieux).

Comme il a lu plus de livres
Poésie, tu le délivres
Des prédateurs prétentieux.

8° Le raffut de l'oiseau

Il fait du raffut l'oiseau !
Nul ne sait ce qu'il raconte.
Le statisticien recompte
Obstiné dans son boulot.

Baroque il chiffre, il esquisse
Expérimente un refrain.
Audacieux contemporain,
Son chiffrage est subreptice.

Pour moquer le bureaucrate
Qui sans art a balancé
Son formulaire autocrate.

D'un art changeur, il hasarde
Son imprévu cadencé
Dans la torpeur banlieusarde.

9° Bruissement

C'est d'un bruissement que naît le poème.
Le texte déroule un détour de mots.
D'abord il murmure en pianissimo
Quand il se déploie, il joue du morphème.

Le public est là, dans l'étonnement.
Il attend qu'un bruit sauvage tricote
Cette tragédie tirée d'Aristote
Où des naufragés, en frissonnement,

Étreignent la frénésie du lecteur.
La forêt verdit, devient le prompteur
Qui fait basculer l'imagination.

Humour, amour, émus cœurs qui frissonnent
Sont jeux d'artifice ou feux de consonnes
Silhouettes prestes… disparition…

10° Le balai d'arlequin

Cette brosse est un précieux
Bijou, un rubis, un rare
Outil, brillant comme un phare,
Danseur au geste gracieux.

Fanal utile à chacun :
Un manche et puis cette brosse
Que brandit telle une crosse
Le dénommé Arlequin.

Il balaie les vastes voutes,
Nettoyeur des fastes routes
Vers de surprenantes ruses.

En babouches merveilleuses,
Leurs voix jaillissent, joyeuses
Offrant aux rimeurs, leurs muses…

11° Spectacle

Ce spectacle est un scandale
Car le silence est bavard
Comme un orateur buvard,
Et cette actrice fatale

Qui occupe sur la scène
L'espace vide insensé
Invite juste à penser
Que ce texte est sans mécène.

Ce n'est pas un monologue
Ces mots sont un dialogue
Qui se tisse entre elle et toi.

Ce théâtre est philosophe,
Échos de la catastrophe
Éblouissant le matois.

12° La nuit passe vite

Le soir est doux, parfumé,
Le soleil choit, l'oiseau chante
Devant sa chute, il se vante
De l'avoir déboulonné…

L'astre s'endort, vexé, rouge…
L'oiseau s'assoupit aussi.
L'obscurité s'épaissit.
Il fait nuit, plus rien ne bouge.

La lune obscurcit le ciel
Pour la joie du noctambule.
C'est l'ombrageux vestibule
Du lendemain, essentiel.

Soudain l'oiseau hurle et hisse
Le soleil hors des coulisses…

13° Avant le camion

Accélère, il est encore
Là, sous cet arbre, aux aguets,
Avec ses brins de muguets
Qu'un rayon de soleil dore.

Tu ne sais pas ce qu'il veut
Mais tu sens bien qu'il contemple
Cette forêt qui ressemble
À son rêve de ciel bleu.

Il admire en métaphores
Cette foule d'omnivores
Qui précèdent le camion.

Ils empilent l'encombrante
Ordure abracadabrante
Des jeux du Septentrion…

14° L'humeur qui passe

Parfois ce fleuve de poisse
Comme un flot qui m'envahit
De ses odeurs de camboui.
M'asphyxie de son angoisse...

Cet effrayant engrenage,
Automatisme assombri,
A des coloris trop gris
Frotté de mauvais grimage.

L'angoisse aime à se griser
Dans ses nuages frisés
Dans leur carnaval d'impasse...

Alors sur un rythme intense,
La danseuse au geste immense
Brise cette humeur qui passe...

15° Qui sont-ils ?

Qui sont ces gens qui s'amusent ?
Objets de spectacle, ils lisent,
Allongés sur l'ombre en brise
Soufflant sur les mots qui fusent.

Qui sont ces lecteurs sans rien
À faire, oppressé de vide
Aux traits dépourvus de ride
Aux sourires de vauriens ?

Ils sont demandeurs, témoins,
Déplorables plus ou moins,
Ils sont beaux, souples, sportifs.

Ils sont de simples modèles
Alignés, proies des chandelles,
Rêveurs dans l'ombre, inactifs…

16° Ce pas sage

Ce pas sage, désencombrant,
Invite à l'errance légère,
À la souplesse à son mystère,
Au clair obscur, à la Rembrandt.

Tes pas sages, désencombrants,
Invitent la brise évidente
Au jeu de couleur différente
Des intenses regards troublants.

Le bruitage désencombrant
Est dans l'écho qui timbre et prend
La plume avisée qui déroute…

L'exil, sort aux dés encombrants,
Encre ses hasards, il surprend,
À chuchoter, simple, à l'écoute…

17° Impasse

Dans cette impasse vétuste
Un véhicule étonnait
Qui méritait son sonnet
Une hypotypose auguste.

C'était un machin bruyant,
Monté sur des roues énormes
Avec une benne hors-norme
Qui mâchait tout en broyant.

Ce souvenir va, sombrant,
Avec sa sirène épique
Il récolte l'encombrant.

On dit que ce monstre urbain
Serait un nouvel antique,
Un minotaure au turbin.

**Chapitre VII
Urgences**

1° Falmarès[1] poète intense

Mon pays a-t-il le droit
D'ignorer le mot poème,
D'éloigner celui qui sème
Cette poésie qui croît.

Mon pays peut-il douter
De ton souffle qui s'élance ?
Falmarès, poète intense
Qui invite à écouter…

Mon pays peut-il faillir
En oubliant d'accueillir ?
D'être promesse au poète ?

Notre pays est le tien
Falmarès, ami poète,
Que mes mots te soient soutien.

---

1 J'ai écrit ce sonnet le 25 Avril 2021, en soutien à Mohamed B. Falmarès de son nom de plume, né en 2001 en Guinée Conarky, « réfugié poétique » en France, auteur depuis 2018 de plusieurs recueils de poèmes aux éditions « Les Mandarines ».

2° Les pieds de nez de l'espoir

L'espoir, par ses pieds de nez,
Joyeux, s'amuse à répondre
Au scrupuleux qui va pondre
L'enquiquinement normé.

L'espoir frissonne, irrigué
Par une crainte mortelle,
Face à l'âpre citadelle
Du labyrinthe étriqué.

L'espoir sourit, mais grimace
Face aux formules qu'amasse
Le vétilleux pointilliste.

L'espoir fuse en comédie,
Truquant l'encyclopédie
Du professeur fataliste.

3° Harmonique fugueuse

Sous son écorce rugueuse
Pulsait l'étonnant sujet,
Qu'un poète ensauvageait
En harmonique fugueuse.

Sous la surface apparaît
Parmi les faims carnavales,
Ce roman que tu dévales,
En tanguant sans arrêt.

Dans un golfe, loin des villes,
L'océan brille par ennui
Jusqu'à la plage d'une île,

Sous la goélette, à l'ancre,
Un vent trace dans la nuit,
Une histoire en vagues d'encre.

4° Absurde éternuement

Peut-on lire infiniment,
Se plonger en prose brève
Pour songer, rêver sans trêve
Et réfléchir calmement ?

Peut-on rire absolument
Pour contempler ces errances
Qui oublient leurs différences
Dans l'absurde éternuement ?

Si tu questionnes les traces
Ces tourbillons que tu brasses
En reflets de souvenirs,

Il arrive que se gravent
Des sentiments qui se bravent
En submersions d'avenir.

5° Urgence

Il y a urgence à rire
Du spectacle imaginé
Par ce monde fasciné
D'avoir dévoré sa lyre.

L'alouette périssable
Que personne ne sonnait
Mais qui chantait ses sonnets
En fit ses châteaux de sable.

Tu peux encore un moment
Écouter le boniment
De la fluette bavarde.

Faut-il craindre une instruction
Assourdissant sa diction
De champêtre banlieusarde ?

6° Ton sourire

Ton sourire et mon cœur qui
Bat à rompre aux yeux naïades
Que tu me lances, charades
De pas sûr, rien n'est acquis.

Juste un instant d'espérance,
Infinie brève aux accords
Merveilleux et tu t'endors…
Nos cœurs battent en cadence.

Alors s'installe tranquille
Ce temps qui rêve et qui file
Sur le rythme du sommeil.

On dirait qu'il pleut averse,
Mais c'est le bruit du réveil,
La nuit et l'aube conversent.

7° Ajouter

Ajouter des textes courts
Au travail interminable
De ces athlètes de table
Qui fabriquent nos discours...

Ajouter des sonnets brefs
À cette infinie montagne
Des écrivains en campagne
Qui se triturent le chef...

Ajouter un livre en plus
Au gigantesque surplus
Des bouquins jamais ouverts...

Imaginer la syntaxe
Du roman vif qui se faxe,
Réenchante l'univers...

8° La muse d'interstices

J'électrise les audaces
Qui dansent dans ma bassine
Sous les yeux de Mnémosyne
Jusqu'aux éponges chaudasses.

De ces restes carnivores
Ma mousse au parfum exquis
Fait naître ses kabukis
Aux symboles qu'on dévore.

Je suis muse d'interstice,
Aux batailles sans armistice
Des citronnés pollueurs…

Ils éclairent d'étincelles
Mes chutes d'Ode aux vaisselles
Jusqu'aux nochers sans lueurs…

9° Le destin de l'aventurier

Le ciel qu'un vent déchiquète
Imagine en besogneux
Un baroque montagneux
Sans souci de l'étiquette.

L'arbre qu'un vent rend flexible
A des gestes de pantin
Qui se dandine à l'instinct
En danseur imprévisible.

Le chapeau qu'un souffle entraîne
A des stupeurs aériennes
Qui étonnent l'alouette.

Mais l'aventurier s'enrhume
Dès qu'un courant d'air embrume
Les traits de sa silhouette…

10° À l'aube

À l'aube une usine exprime
Cette épaisseur du labeur
À sculpter dans cette odeur
Laborieuse où l'argent prime.

Le frais parfum de l'aurore
Interprète la rosée
Des pétales arrosés
Qu'un soleil éclaire et dore.

À l'aurore un reflet court
Sur les flots du ruisseau sourd
Au grinçant managérial.

Blotti à la buissonnière
Tu décris, à ta manière,
Un coteau fort seigneurial…

11° Vaporeuse

Elle était juste amoureuse.
Il n'en croyait pas ses yeux.
Tandis qu'il se voyait vieux,
Elle étonnait, vaporeuse.

Envoûtante et généreuse
Elle émerveillait l'instant.
Il était son passe-temps.
Elle avait l'air d'être heureuse.

Il romançait volcanique
Brûlant d'un regard sismique,
Observant l'horizon gris.

Il s'embrumait dans la brume…
Il s'appelait Mistigris.
Elle, on la surnommait Brume…

12° Assouplis ta course

L'écriture exerce aussi
Sa fascination hautaine
Sur la recherche incertaine
Du stylo mal dégrossi.

Mais l'encrage est une danse
Et le rythme s'engourdit
Si le poète étourdi
Crispe sa main sans prudence.

N'oublie pas d'écrire au son
De l'arbre où bruisse un pinson,
Assouplis ta course, esquive

Ce grincement qui intime
D'oublier le souple ultime
De la métaphore vive.

13° L'aphorisme

L'aphorisme est un peu court.
Le roman-fleuve s'allonge
À des dimensions que ronge
Le sommeil à mi-parcours.

Le roman, comme la nef
D'une cathédrale, empile
Son gothique volubile.
L'aphorisme bondit, bref.

Le roman submerge, inonde…
L'aphorisme court trop vite.
Il fuse au-dessus du monde

Comme la farce imprévue
Que le conformisme évite
En assurant l'avoir vue.

14° Hirondelle

Les sonnets peuvent servir
Les soirs gris d'embouteillage
À rêver au long voyage
Que risque en l'air par loisir

Cette hirondelle étonnante
Qui se moque du trafic
En s'amusant du public,
Parisienne zigzagante.

Chaque hiver elle visite
Le Cameroun et profite
Des danses d'où naît ce flot

Étonnant, bavard, solide,
Plus souple que ton bolide,
Immobile bibelot.

15° Jazz

Jazz aux notes fugitives
Libre des plaintifs atours,
Des raideurs trop maladives,
D'où te vient ce long discours ?

Danses révoltées urgentes
Ornements incandescents
Pour nos lectures ferventes
De rêveurs effervescents.

Jazz bavard, rythme bourré
D'art souple au swing azuré,
D'où puises-tu ta noblesse ?

Jazz inventif et fertile
Structurant l'oreille subtile
Raconte-nous ta tigresse…

16° OuNaPo
(Ouvroir de Navet Potentiel)

Alors tu veux cuire un livre
Avec des vers de sept pieds,
Des gredins à épier,
Un stressé qui veut survivre…

Tu veux rôtir une histoire,
Croustillante en ascension,
Avec flics en suspension,
Fille canon très oratoire ?!?

Tu veux tirer de quatorze
Clichés un navet bitorze
Pour cinéphile aguerri ?

Avec actrice avenante !?!
Avec chute impertinente ?!?
Tu pars en torche… atterris !

17° Le rythme

Le rythme, cet assemblage
De poésie, notre bien
Commun, s'évalue combien ?
Absurde paramétrage…

Ce statistique imparfait
N'aboutit qu'à du verbiage
Qu'à des fractions de fromage
Au vertigineux surfait.

La mise à plat, en graphique,
Est chiffré soporifique.
Le cœur pulse en contrepoint.

Le rythme seul aiguillonne.
Tout le reste est baragouin
De bureaucratie brouillonne.

Postface

Mais alors qu'est-ce que la poésie ? Suffit-il d'aligner sept chapitres de dix-sept sonnets pour ouvrir un nouveau chemin poétique ?

C'est probablement parce que ces deux questions me tarabustent que je les ai ici réunies dans ce recueil pour y répartir ces cent-dix-neuf sonnets, pour les faire résonner en voisinages les uns des autres. Ou plutôt je devrais dire que ces questionnements m'ont taraudé tout au long de la rédaction de ces cent-dix-neuf textes…

Qu'est-ce qu'écrire de la poésie ? Cette interrogation est passionnante, car elle contribue à faire naître bien des écritures, des discours, des raisonnements : des commentaires, des critiques sur la poésie, mais aussi des « poèmes ».

De nombreuses personnes assurent que les sonnets seraient une forme de poésie ou même une forme poétique, une des plus nobles. D'autres prétendent le contraire, des sonnets écrits aujourd'hui ne seraient plus, selon eux, que des reflets de poèmes…

Sur la forme du sonnet, j'ai déjà esquissé quelques idées, en écrivant des postfaces des trois recueils réunis dans ma « Trilogie des sansonnets » (Sansonnets un cygne à l'envers [2015], Sansonnets aux sirènes s'arriment [2018], Sansonnet sait du bouleau [2019]). Ces réflexions n'étaient sans doute pas définitives puisque j'ai publié ensuite, Sois danse au vent

[2020] où l'on trouve à nouveau quatre-Vingt-dix autres sonnets d'une année Vingt.

Écrire à nouveau des sonnets est une nouvelle exploration des rythmes de la langue, une façon de les vivre, en expérimentant concrètement l'écriture de vers. Bien sûr les vers ne font pas la poésie et depuis Mallarmé on sait que les vers hantent aussi la prose : « Le vers est partout dans la langue où il y a rythme, partout excepté dans les affiches et à la quatrième page des journaux. Dans le genre appelé prose, il y a des vers quelquefois admirables, de tous les rythmes. Mais en vérité, il n'y a pas de prose : il y a l'alphabet et puis des vers plus ou moins serrés : plus ou moins diffus. Toutes les fois qu'il y a effort de style, il y a versification. »[2]

Versifier pour écrire des sonnets est un inlassable travail de style. En se confrontant à cette forme, on apprend sans cesse. Je recommence avec le présent recueil. Si j'ai décidé de continuer à écrire des sonnets, c'est parce que j'ai la conviction que dans le rythme de l'écriture il y a quelque chose qui mérite d'être travaillé, exploré, pratiqué, sans cesse approfondi, expérimenté et mis à disposition du public pour qu'en surgissent un dialogue et d'autres textes…

Je pratique l'écriture parce que je suis animateur d'ateliers d'écriture. Je suis animateur d'ateliers d'écriture parce que je pratique l'écriture. Ce type de raisonnement circulaire est-il un légitime « moteur de poésie ? »

---

2   Stéphane, Mallarmé, Réponse à une enquête sur l'évolution littéraire (1891).

Puisque la roue est circulaire, un raisonnement de même nature devrait pouvoir jouer le même rôle qu'elle. Il fait avancer une écriture poétique. Et cette avancée d'écriture présente sans doute un intérêt pour toute personne aimant contempler les voyages, la danse ou les rêves... Encore faudrait-il pouvoir s'entendre sur le sens des mots « moteur » sur celui de « poésie » sur celui d'« écriture » et peut-être même sur celui de « roue poétique ».

Sur les trois premières notions [« moteur », « poésie » et « écriture »] vous trouverez une foule de livres très bien faits[3] et peut-être d'ailleurs en avez-vous déjà lu quelques-uns.

La notion de « roue poétique » me semble pour sa part avoir été moins explorée (du moins pas comme je me la représente). Je n'ai jamais rien lu à ce sujet. Je ne sais donc pas complètement ce que c'est. Ce que je sais en revanche, c'est qu'il existe des structures poétiques. Des universitaires très savants ont écrit de nombreux textes sur le sujet. Je me suis hasardé à en lire un : « Structure du langage poétique » signé Jean Cohen. J'y ai appris que

« Le vers est cyclique, la prose est linéaire. L'aspect

---

3 Parmi cette foule d'ouvrages à lire on peut citer : « Le Moteur » par Henri Petit, ingénieur ancien élève de l'école polytechnique, ouvrage orné de 197 figures, publié en 1919 chez Dunod dans la collection « La Bibliothèque du chauffeur. », « Réflexions critiques sur la poésie et sur la peinture » par Jean-Baptiste du Bos (trois volumes publiés chez P.-J. Mariette à Paris en 1740), « Leçons de rhétorique et de belles lettres » par Hugh Blair, traduit par J.-P. Quénot, deux volumes publiés chez Hachette à Paris en 1845

antinomique de ces deux caractères saute aux yeux, et pourtant la poétique n'en a jamais tenu compte. Elle a fait du "retour" un caractère isolé, s'ajoutant du dehors au message, en vue de lui conférer quelque vertu musicale. En fait, l'antinomie constitue le vers. Car il n'est pas tout entier vers, c'est à dire retour. S'il l'était, il ne pourrait porter un sens. »[4]

La roue poétique serait donc ce vers qui sans cesse fait retour sur lui-même grâce au chiffre de son nombre de pieds, associés aux rimes ; elle roulerait sur la prose pour créer de la poésie. On croit comprendre que selon Cohen, le vers n'est pas tout à fait une roue puisqu'il n'est pas tout à fait retour… Pour y voir plus clair dans cette machine compliquée, j'ai donc accordé une importance particulière à ses structures, aux chiffres et à la versification. J'ai voulu fabriquer de nouveaux petits trains pour les essayer sur d'anciennes structures heptamétriques. En jouant à ce jeu contraint, on peut faire jaillir de belles émotions, sincères, et je ne me suis pas interdit de le faire. Sans cette source, rien n'aurait circulé.

Les chiffres premiers ne sont pas apparus ici complètement un hasard. Ce livre est structuré en sept chapitres de dix-sept sonnets, constitués en grande partie d'heptamètres [vers de sept pieds]. Ce chiffre de sept est bien sûr celui des sept notes de la gamme musicale. Et l'on sait depuis les plus anciens rhétoriciens, le rôle joué par la musique dans le discours, dans le langage et singulièrement dans le discours poétique. Dans ses leçons de rhétorique et de belles lettres, un

---
4 Jean Cohen, Structure du langage poétique, Champs Flammarion, 1966 (p. 95)

rhétoricien écossais du XVIIIe siècle, Hugh Blair évoquait cette parenté de l'écriture et de la musique : « La musique exerce naturellement une grande influence sur tous les hommes ; elle sait les émouvoir, et il n'est, en quelque sorte, aucune disposition de l'âme à laquelle on ne puisse trouver quelques sons analogues et propres à la rappeler ou à la faire naître. Le langage, au point de perfection où il est arrivé de nos jours, a presque la même puissance que la musique, et cette belle faculté rehausse encore le prix que nous devons attacher à sa merveilleuse invention. Ce n'est pas assez qu'il transmette aux autres nos idées, il faut encore que par les sons, il ajoute une force nouvelle aux idées qu'il exprime, et le charme de la mélodie se joint pour nous au plaisir de communiquer nos pensées. »[5]

Hugh Blair expliquait que cette question de la musique de la langue taraudait déjà les poètes et les rhétoriciens dans la Grèce antique.

« Denys d'Halicarnasse, l'un des critiques les plus judicieux de l'antiquité, qui a écrit un traité sur la composition des mots dans une période, ne s'est occupé que de leur effet musical. L'excellence d'une phrase consiste pour lui, en quatre choses ; la douceur des sons pris isolément, la composition des sons, le changement ou la variété des sons, enfin les sons en rapport avec le sens. Chacun de ses points est traité avec autant d'exactitude que de goût, et son livre sera toujours utilement consulté ; mais celui qui, de nos jours, entreprendrait un

---

5 Hugh Blair (1716-1800), Leçons de rhétorique et de belles lettres (édition française de 1845, tome I p. 221)

ouvrage sur le même sujet serait obligé de lui donner un plus grand développement... »[6]

Éléonore Salm dans des travaux universitaires récents le confirme. Denys d'Halicarnasse (né en 60 av. J.-C. mort aux environs de l'an 8 av. J.-C.) a en effet développé « une comparaison sans précédent, entre rhétorique et musique, s'efforçant de prendre en compte l'ensemble du domaine musical, chant, musique instrumentale et danse. »[7]

Pour Denys d'Halicarnasse, ce n'était pas seulement le discours poétique qui était concerné par la musique, ainsi qu'il l'exprime dans son « Traité de la composition stylistique » : « C'est après tout aussi une musique que la science des discours politiques, qui se distingue de la musique vocale et instrumentale par le degré, non par la nature. »[8]

La science du discours a donc été considérée comme dérivant de la connaissance musicale, dans la culture grecque

---

6 Hugh Blair (1716-1800), Leçons de rhétorique et de belles lettres (édition française de 1845, tome I p. 225)
7 Eléonore Salm Rhétorique et musique dans l'œuvre de Denys d'Halicarnasse (disponible en ligne https://books.openedition.org/pur/119454?lang=fr) in Musique et danses dans l'antiquité, sous la direction de Marie-Hélène Delavaud-Roux.
8 Denys d'Halicarnasse, La composition stylistique 11, 13, cité par Éléonore Salm Rhétorique et musique dans l'œuvre de Denys d'Halicarnasse (disponible en ligne https://books.openedition.org/pur/119454?lang=fr) in Musique et danses dans l'antiquité, sous la direction de Marie-Hélène Delavaud-Roux.

qui est aux fondements de notre culture européenne et poétique d'aujourd'hui. De même qu'il y a de la poésie dans la musique, il y a de musique dans la poésie. Cela mérite que l'on y prête attention.

    Cela méritait que je me risque à hasarder cette mise en gamme poétique sur sept échelons, en sept chapitres :
1° Heptamètres désinvoltes,
2° Le ciel est lent,
3° Ère éphémère empressée,
4° Échos de théâtre,
5° Poétique,
6° Balai d'Arlequin,
7° Urgences…

    Certains de ses chapitres réunissent des textes fondés sur une thématique commune. Le septième s'ouvre sur un hommage au poète Falmarès dont j'apprécie l'écriture immense et sincère. D'autres sont réunis par leurs formes. Le troisième chapitre réunit des textes construits sur des contraintes de nature oulipienne (monovocalisme, lipogramme, jeux alphabétiques), je les ai voulus ainsi, car de mon usage singulier de ces « ouvroirs de littérature » naissent des images, des tableaux que je n'aurais pas pu faire apparaître autrement. Libre à toi qui lit ces lignes de les dessiner comme bon te semble si tu en ressens la nécessité.

    Dans son *Esthétique*, Hegel écrit : « Puisque les mots mêmes ne sont que des signes, des représentations, la vraie origine du langage poétique ne doit pas être cherchée ni dans le choix des mots et dans la manière de les associer pour former des propositions et des périodes, ni dans dans la sonorité, le rythme, la rime, etc., mais dans la *modalité de la représentation*. » Répartir des sonnets en sept chapitres par tranches de dix-sept est une modalité de représentation.

Selon Jean Cohen qui commente cette phrase « cette modalité de la représentation est elle-même provoquée par un certain langage. » Ce langage « poétique » n'est pas réservé au seul poème, d'autres arts [musique, peinture, etc.] peuvent mener cette modalité poétique de la représentation, concède Cohen, ajoutant « Mais du moins le poème en est-il l'inducteur le plus efficace et c'est pourquoi on peut appeler "poétique" le mode de conscience dont il est l'instrument privilégié. Disons que ce qu'on appelle poème est précisément une technique linguistique de production d'un type de conscience que le spectacle du monde ne produit pas ordinairement. »

C'est probablement ce type de conscience, induisant un certain regard, que j'ai recherché en imaginant les textes qui constituent ce recueil. La structure (plus ou moins contraignante) du sonnet a rythmé une danse. Celle de mes émotions, de mes impressions, sentiments, regards, sourires ou encore de mes indignations. C'est ce tournoiement de passions qui a animé les rouages du moteur qui ont fait surgir ces textes. La structure du vers de sept syllabes ou pieds [l'heptamètre] a constitué un point de départ de ce voyage. Le sentiment d'urgences à dire a été un point d'aboutissement.

Entre ce départ et cette arrivée des questionnements divers sur le monde opaque, absurde, futile ou terrible : des interrogations sur ce qu'est le poétique ont fait naître d'autres textes que j'espère être des portes ouvertes sur d'autres rêves, d'autres images et de l'action. Peut-être que l'écriture poétique ouvre à l'infini et que c'est pour cela que l'on n'en finit jamais avec elle.

À qui veut lire chaque sonnet de ce livre, cette postface sera peut-être inutile. Les sonnets sont en effet d'abord écrits pour affronter seuls la lecture et toutes les interprétations, toutes les images qu'ils pourront susciter. Plus qu'une conclusion (ou explication), cette postface n'est donc que l'annonce d'un travail encore à venir d'explorations poétiques, de nouvelles pratiques d'écriture et de lectures attentives. Est-ce que mes cent-dix-neuf sonnets ouvrent véritablement un nouveau chemin poétique ? La cadence des sonnets n'est assurément pas la seule possible pour faire jaillir la poésie. C'est la raison pour laquelle j'ai demandé à L'ENCABAC, exploratrice des contrées poétiques, de préfacer ce recueil. Et je l'en remercie, son ouverture souriante est la porte ouverte à toutes les libertés de lecture, c'est aussi une féconde réflexion sur les multiples possibilités ouvertes par l'art poétique.

Écrire des sonnets m'a permis d'explorer concrètement des rythmes et des structures, afin de mieux appréhender ce fait : les sonnets ne sont pas toute la poésie.

Alors qu'est-ce que la poésie ? Peut-être sera-t-elle dans le son de ta voix, à toi qui liras ce recueil ?

Triolet[9]

Ce son de voix qui vient vibrer,
Au cœur du corps dans ta poitrine
Avec son rythme équilibré,
Ce son de voix qui vient vibrer
En poésie, d'un bond cambré
Qui pirouette en ballerine,
Ce son de voix qui vient vibrer,
Au bord du cœur dans ta poitrine.

Est-ce ce jeu, la poésie,
Cette plénitude étonnante
Qui jaillit en vive énergie ?
Serait-ce un jeu la poésie,
Ce flux qui danse et rassasie,
Au son d'une voix rayonnante ?
Serait-ce un jeu la poésie,
Cette plénitude étonnante ?

Cette écriture tâtonnante
Qui encre, file et ressaisit
Le son de ta voix rayonnante ?
Cette écriture tâtonnante,
Là sur la vague frissonnante,
Est-ce poésie qui surgit,
Cette écriture tâtonnante
Qui encre, file et ressaisit ?

---

9 Cette structure poétique du triolet sera-t-elle une nouvelle piste pour de nouvelles écritures à venir ? Ce n'est pas un impossible... À suivre...

Table des matières

Préface par L'Encabac... 4

Chapitre 1 Heptamètres désinvoltes................................ 7
1 Préparation.. 9
2° De la virevolte ordinaire.. 10
3° De la survolte lunaire... 11
4° Heptamètres désinvoltes... 12
5° Dressés vers l'azur.. 13
6° Heptamétriques... 14
7° Bignes d'éfriture (sonnet lettriste) …...........................15
8° Petite épistémologie portative....................................... 16
9° L'heptamètre est-il bancal ? …....................................17
10° Prose ou poésie…...18
11° Le charme des sonnets…..19
12° Conseils au poète…..20
13° La métaphore…...21
14° Ces recettes…...22
15° Esquif…..23
16° Pêche imprévue…..24
17° Frissonnant inabordable…..25

Chapitre 2 Le ciel est lent …..27
1° Le ciel est lent…..29
2° Fleur(s) …...30

3° Toi qui….……………………………………………31
4° Narrer l'humour… ……………………………….32
5° À toute allure….………..……………….………..33
6° Brouhaha.…………………………………………34
7° Fascinante.……………………………………….35
8° Théâtre désertique.……………………………….36
9° Clermont Ferrand.………………………………..37
10° Le scarabée.…………………………………….38
11° Vivre.……………………………………………39
12° Vertigineux.……………………………………..40
13° Exploration.…………………………………….41
14° Hors texte.……………………………………….42
15° Étonnante amnésie.……………………………..43
16° Son regard neuf.………………………………...44
17° Flic flac floc.……………………………………45

Chapitre 3 Ère éphémère empressée.……………………47
1° Ère éphémère empressée.………………………..49
2° L'Esthète en scène.……………………………….50
3° Reflets.…………………………………………...51
4° Électre.……………………………………………52
5° L'encerclée de tes fêtes.…………………………53
6° Femme de tête.…………………………………..54
7° Fête d'excellence.………………………………..55
8° Discours d'intermède.……………………………56
9° Brève de hêtre.…………………………………..57
3° Artistement bris comptés.……………………….58
11° Artiste buvard.………………………………….59
12° Abc d'ère antiquaire.……………………………60
13° L'audacieux brailleur.…………………………..61

14° Ces antiquités bavardent...62
15° En ses revers...63
16° En ses rêves...64
17 Elle sème..65

Chapitre 4 Échos de théâtre...67
1° Le guichetier..69
2° Une chanteuse..70
3° C'est chic 71
4° Petit rien du tout..72
5° Histoire de France...73
6° Faste fouille...74
7° Passeport (hommage à J. de La Fontaine) 75
8° Iris est so (n) poète (lipogramme hommage à J. de La Fontaine)........76
9° L'essaim de menuets..77
10° Ce palais ensoleillé..78
11° L'avenir..79
12° Quand reviendront les sirènes ? 80
13° Une intrigue qui se croque..81
14° Grelottant...82
15° Crépuscule...83
16° Ta danse est juste un reflet..84
17° Syncope rusée..85

Chapitre 5 Poétique ? 87
1° L'éclat de la poésie..89
2° L'exilé..90
3° Terpsichore..91
4° Sois poète..92
5° Boulevard Sébastopol... 93

6° Rimbaud tu voltiges………………………………………… 94
7° L'art du détour………………………………………………… 95
8° Leur prose s'évapore………………………………………… 96
9° Pour aligner les zéros……………………………………… 97
10° Retard………………………………………………………… 98
11° Critique……………………………………………………… 99
12° Poésie…………………………………………………………100
13° Orchestre……………………………………………………101
14° Échos des fêtards……………………………………………102
15 Poésie dérapante………………………………………………103
16° Allumez votre chandelle……………………… ……………104
17° Le piano fleuri………………………………………………105

Chapitre 6 Balai d'Arlequin……………………………………107
1° À l'heure où……………………………………………………109
2° Avance…………………………………………………………110
3° Le carré de radis………………………………………………111
4° Absurde…………………………………………………………112
5° Ô liberté…………………………………………………………113
6° Colloccio………………………………………………………114
7° Avril, le lieu jaune……………………………………………115
8° Le raffut de l'oiseau…………………………………………116
9° Bruissement……………………………………………………117
10° Le balai d'Arlequin…………………………………………118
11° Spectacle………………………………………………………119
12° La nuit passe vite……………………………………………120
13° Avant le camion………………………………………………121
14° L'humeur qui passe…………………………………………122
15° Qui sont-ils ?…………………………………………………123
16° Ce pas sage……………………………………………………124

17° Impasse..125

Chapitre 7 Urgences..............................127
1° Soutien au poète Falmarès..................129
2° Les pieds de nez de l'espoir................. 130
3° Harmonique fugueuse........................131
4° Absurde éternuement.........................132
5° Urgence..133
6° Ton sourire.......................................134
7° Ajouter..135
8° La muse d'interstices.........................136
9° Le destin de l'aventurier.....................137
10° À l'aube...138
11° Vaporeuse......................................139
12° Assouplis ta course..........................140
13° L'aphorisme...................................141
14° Hirondelle......................................142
15° Jazz...143
16° OuNaPo...144
17° Le rythme......................................145

Postface par Pierre Thiry........................ 147

Triolet : invitation à la lecture...................156

Table des matières................................ 159

© 2021, Pierre Thiry (texte et couverture)
© L'Encabac (préface)

Édition : BoD – Books on Demand,
12/14 rond-point des Champs-Élysées, 75008 Paris
Impression : BoD - Books on Demand, Norderstedt, Allemagne

ISBN : 9782322395668
Dépôt légal : Septembre 2021